« La porte du malheur »
L'étranger d'Albert Camus.
Le cas Meursault

Mesdames et Messieurs, vous m'avez invité pour que je vous parle, au regard de mon expérience professionnelle, d'une œuvre littéraire, qui se doit d'intéresser un détective, non seulement au point de vue culturel, mais aussi pour ainsi dire, au point de vue professionnel. Nous nous trouvons en face d'un meurtre et d'un criminel mais n'avons pas de motif. Un procès apparemment absurde juge moins le crime commis que le comportement de l'accusé pendant l'enterrement de sa mère quelques jours auparavant. En fin de compte, il sera condamné à mort par la justice à cause de son manque de chagrin ce jour-là, alors que le lecteur, faisant quasiment office de juré, déclare intuitivement Meursault non coupable, bien que, malgré tout, celui-ci ait tué un homme. Le chercheur littéraire américain Roger Shattuck rend compte d'une pratique de lecture de *l'Etranger* avec ses étudiants sur une trentaine d'années. Leurs commentaires montrèrent « une grave erreur d'interprétation aboutissant à un aveuglement moral. Dans la plupart des cas, le crime demeure non évoqué et carrément omis. »[1] Une empathie d'abord analogue du professeur se transforma seulement au bout de longues années en la conviction que « Camus exagère. Il sait et nous savons que Meursault a tué un homme et mérite une sanction. Pourtant nous ne saurons jamais exactement pourquoi il a commis ce crime. »[2]

Mais peut-être devrions-nous être prudents en employant ici le mot « jamais ». Nous allons, en effet, découvrir aussi bien le motif du crime que la raison de notre sympathie pour un héros suspect, Mesdames et Messieurs, soyez-en sûrs !

Mais, me direz-vous, pourquoi donc Albert Camus n'a-t-il laissé tomber la moindre allusion sur ce point ? Il a bien souvent pris position sur son récit. Le détective n'a-t-il pas besoin d'un mandat de l'auteur pour mener à bien toute enquête criminalistique sur une de ses œuvres, ou du moins de son accord ?

Entendu ! Mais l'accord existe.

Treize ans après la parution de *l'Etranger*[3] Camus écrit, dans la préface d'une édition pédagogique américaine : « Il y a

---

[1] Roger Shattuck: Tabu. Eine Kulturgeschichte des verbotenen Wissens. München, Zürich: Piper 2003, p. 185
[2] Shattuck 2003, p. 204
[3] Albert Camus : L'Etranger, traduit en allemand par Georg Goyert et Hans Georg Brenner, Reinbeck bei Hamburg : Rowohlt 1993/ Français : Albert Camus, L'étranger, Folio Gallimard 1942

quelque temps, j'ai résumé l'Etranger en une phrase qui, je le concède, paraît très contradictoire :>Dans notre société, tout homme qui ne pleure pas à l'enterrement de sa mère court le risque d'être condamné à mort< Je pense simplement que le héros du livre est condamné parce qu'il ne joue pas le jeu. […] Il refuse de mentir. […] A mon avis Meursault n'est pas une épave humaine, mais un pauvre homme nu, qui aime un soleil qui ne fait pas d'ombre. Il est tout le contraire d'un être insensible ; il est poussé par une passion profonde – profonde parce qu'elle reste muette […] »[4]

La référence au mutisme devrait éveiller l'intérêt. Si la passion était vraiment restée muette, il n'y aurait pas d'Etranger, pas de Prix Nobel, pas de commentaires ultérieurs ni de préface.

La passion n'est pas muette mais cryptée. Le mandat d'enquête réside en la demande implicite de décrypter. La vérité ne s'exhibe pas dans le récit aux yeux de tout le monde, mais elle est bien plus l'affaire de l'interrogatoire contradictoire, si l'on veut bien m'accorder cette expression. Elle est livrée par l'accusé pour ainsi dire uniquement à huis clos.

---

[4] Camus, cité d'après Shattuck 2003, S.186

Mais enfin : l'amour prétendu du héros pour la vérité a déjà été remis en question d'un autre côté de façon critique. Shattuck, l'expert en littérature précédemment cité, a constaté récemment avec beaucoup de perspicacité que Meursault ment au moins deux fois au bénéfice de Raymond. « Une fois quand il écrit à la femme maure qui aurait trompé Raymond et une autre fois vis à vis de la Police. »[5]
Et en ce qui concerne le « jeu » que le héros refuse de jouer, il conviendrait de se demander à quel jeu pense l'auteur. Seulement celui des conventions stériles de la société et celui du mépris absurde à l'encontre de marginaux non-conformistes ? De nous détectives, on attend le regard derrière les coulisses et la découverte des insondables abîmes des êtres humains. Il existe en plus une raison particulièrement valable pour une certaine méfiance. Je ne crois pas au hasard. Qu'un événement fortuit sur une plage (p. 136) fasse d'un jeune homme un criminel, éveille mes soupçons. Cela équivaut pour moi à un défi professionnel. Mes recherches sur la scène en question vont donner à l'affaire un tournant important, je vous le promets.

Je veux donc, Mesdames et Messieurs, en venir, sans plus de détours, au point déterminant. L'enchaînement des

---
[5] Ibid

circonstances qui ont mené à la catastrophe comprend quelques chaînons fragiles. Le conflit entre Raymond, le proxénète, et Meursault, d'un côté, et les Arabes, de l'autre, semble déjà terminé et pourtant l'accusé retourne, pour des raisons mystérieuses, à l'endroit de cette dispute. A ce moment-là seulement se déclenche, de façon bien superflue au regard des évènements précédents, l'épreuve de force avec l'un des adversaires encore présent.

Mais, ne parlons plus de cela pour le moment. C'est la suite qui nous intéresse.

Meursault tire cinq coups de feu.

Son adversaire est tué dès le premier coup de feu. Ainsi se termine l'affaire de la plage. Tragiquement certes, et violemment, mais point final.

A ce moment-là, Meursault hésite un instant. Cette pause symbolise la fin de l'action. Bizarrement quatre autres coups de feu sont tirés sur le corps (textuellement) sans vie.

Plus tard, le juge d'instruction questionnera l'accusé : « Pourquoi, mais pourquoi avez-vous tiré sur un corps à terre ? » Il insistera en élevant la voix : « Pourquoi ? Il faut que vous me le disiez! Pourquoi ? » (p. 106)

L'accusé commence à comprendre ce problème qui émerge au cours de l'examen. Il constate : « J'ai à peu près compris qu'à son avis il n'y avait qu'un point d'obscur dans ma confession, le fait d'avoir attendu pour tirer mon second coup de revolver. Pour le reste, c'était très bien, mais cela, il ne le comprenait pas. »

Pourquoi cette fixation sur l'hésitation ?

Parce que la courte prise de conscience prouve que la salve suivante tirée sur le mort est intentionnelle. Et cette intention confère à la suite énigmatique de l'action un caractère explosif extraordinaire. Compréhensible, en effet, que le juge d'instruction s'agite de plus en plus, sans toutefois progresser dans son entreprise. Je vais donc lui venir en aide, Mesdames et Messieurs. Ma première tâche sera d'éclaircir le moment d'hésitation et la suite provocante des coups de feu – le point si justement considéré par l'accusé comme obscur.

Il faut une certaine patience de criminologue pour décrypter complètement le déroulement des faits. Le premier coup de feu casse « l'équilibre de la journée », selon l'expression de l'accusé. Son histoire ne laisse pas de doute sur ce que l'on est en droit de penser de cet équilibre. Le mélange chez le héros, de paresse, de routine et d'assouvissement le plus élémentaire de ses besoins a aussi peu de valeur que la révélation qui va suivre, sur la justice en général dans le système colonial français.

Les autres coups de feu, et maintenant cela devient intéressant, sont « pour ainsi dire quatre coups brefs à la porte du malheur ». Attention, Mesdames et Messieurs, quatre coups, pas cinq. Le premier coup ne compte pas. En simplifiant un peu, on pourrait dire qu'il ne sert qu'à fabriquer un mort sur l'écran.

Les quatre coups tirés après le moment d'hésitation concernent le mort, mais plus l'Arabe. Le comble est qu'ils sont destinés à quelqu'un d'autre.

A qui ?

L'accusé tente de faire diversion en expliquant au juge d'instruction qu'il n'a plus besoin d'insister sur le moment d'hésitation. Pour ma part, je donne raison au juge. Ce point-là est d'une importance éminente. Et un Hercules Poirot ne se laisse pas induire en erreur. Je dois pourtant concéder – au profit du collègue en question – que le compte-rendu manuscrit de l'accusé contient des informations dont on ne parlera pas pendant le procès. Meursault ne répond pas à la question de savoir pourquoi il a marqué un temps d'arrêt entre le premier et le second coup de feu, et il ne confie son souvenir d'alors qu'en pensée, donc uniquement au lecteur: « Une fois de plus, j'ai revu la plage rouge et j'ai senti sur mon front la brûlure du soleil. » C'est sur cette déclaration que s'ouvre la porte du malheur…

Donc, entrons.

Entre le premier coup de feu mortel et les quatre suivants, l'accusé voit, je le répète, un mort à terre. Le sable rouge et la brûlure du soleil lui viennent à l'esprit. Eh bien, Mesdames et Messieurs, je vous pose la question, que signifie cette association ? Meursault ne parle-t-il pas déjà précédemment dans ses notes d'une terre rouge-sang et d'un soleil brûlant en relation avec une personne morte ? Je vois à vos visages que vous commencez à comprendre, bien sûr,…à l'occasion de l'enterrement de sa mère.

Meursault tire donc implicitement sur sa mère. C'est bien là que réside le scandale secret de l'affaire.

Ce détail, le fait que le narrateur parle de la terre rouge-*sang* dans le cas de la mort naturelle de la mère, mais uniquement de rouge dans le cas du mort, équivaut à une preuve puisque les deux adjectifs se correspondent et sont également interchangeables. Mais ce n'est pas tout. Nous sommes en droit de penser que le premier coup mortel est, lui aussi, instinctivement destiné à la mère. En effet, le narrateur pense déjà à elle lorsqu'il s'avance vers l'Arabe : « C'était le même soleil que le jour où j'avais enterré Maman. » La mère entre en jeu juste avant le premier coup de feu passionnel, et la pause marquée avant la salve est également destinée à la mère.

Mais la première action se produit inconsciemment, comme un réflexe, alors que la seconde implique la participation de la conscience. L'hésitation est synonyme de déclenchement du *moi*. L'action qui suit se déroule – du moins partiellement – de façon consciente. Vu sous cet angle, le déroulement du procès, dans lequel il n'est question que de la relation de l'accusé envers sa mère, prend un sens surprenant.

L'absurdité de la procédure juridique réside ainsi seulement dans la barrière de communication infranchissable entre une argumentation sans scrupule de l'accusation et une autodéfense de l'accusé en codes secrets.

Nous allons bientôt voir pourquoi il en est ainsi.

J'aimerais vous inviter à porter votre attention sur la phrase centrale : « C'était le même soleil que le jour où j'avais enterré Maman. » et je vous propose de reconnaître dans le nom « soleil », en considération du motif reconnu comme sous-jacent, un code chiffré. Vous pourrez alors lire une autre scène –clé du procès avec d'autres yeux. Avant même que son avocat ne prenne la parole, l'accusé tente d'exposer les motifs de son acte avec ses propres mots et récapitule : « …que c'était à cause du soleil. » Son bredouillement, qui paraît désemparé, touche exactement le point sensible. Si nous posons l'équation soleil = mère comme formule de base pour le décodage du déroulement secret, alors Meursault accuse indirectement sa mère. Ce qui n'allège guère la problématique subliminale de l'histoire.

Car la question qui reste en suspens à ce moment est évidemment : en quoi consiste la faute de la mère ?

II. Nous ne savons malheureusement quasiment rien des relations du fils envers sa mère. Les maigres informations (p.12) ne sont pas d'un grand secours. Nous sommes donc, dans notre recherche d'un motif, comme dans l'identification de l'action « latente », à la merci d'indices cachés. Le texte en contient-il ?

Je dois vous avouer, Mesdames et Messieurs, qu'un passage précis me frappe comme un coup de massue. Il présente une pièce du puzzle, dont la portée augmente de façon non négligeable à cause d'un rapprochement évident : cet indice est un morceau de journal trouvé par hasard dans la cellule de la prison entre la paillasse et le sommier, que l'accusé lit, selon ses déclarations, « des milliers de fois » et qui, de plus, renvoie, au-delà du récit, à une autre œuvre de l'auteur, une pièce de théâtre au thème identique. Camus l'intitule : *Le malentendu* -

un sarcasme, en considération du contenu, que Meursault reprend à son compte dans son commentaire sur la coupure de journal. Je retranscris ici ce texte dans son intégralité, conscient de l'importance de sa signification, non sans attirer l'attention sur les adjectifs attribués au papier-journal, « vieux », « jauni » et « transparent » de même que sur l'absence de début de l'histoire, que l'on interprétera comme des indices psychologiques, donc comme une allusion à un passé biographique (presque invisible) :

« Un homme était parti d'un village tchèque pour faire fortune. Au bout de vingt-cinq ans, riche, il était revenu avec une femme et un enfant. Sa mère tenait un hôtel avec sa sœur dans son village natal. Pour les surprendre, il avait laissé sa femme et son enfant dans un autre établissement, était allé chez sa mère qui ne l'avait pas reconnu quand il était entré. Par plaisanterie, il avait eu l'idée de prendre une chambre. Il avait montré son argent. Dans la nuit, sa mère et sa sœur l'avaient assassiné à coups de marteau pour le voler et avaient jeté son corps dans la rivière. Le matin, la femme était venue, avait révélé sans le savoir l'identité du voyageur. La mère s'était pendue. La sœur s'était jetée dans un puits. » (p.124)

Vous allez certainement être d'accord avec moi, Mesdames et Messieurs, que cet article dans lequel la mère tue le fils représente une continuation de l'histoire ô combien explosive de Meursault. Il nous fournit la raison des quatre coups à la porte du malheur. Cette porte conduit, comme la datation de l'histoire interne, vers le passé – un passé toutefois qui, fait typique pour tout ce qui n'a pas été résolu, est très présent de façon latente. C'est pourquoi il faut frapper fatidiquement à la porte du malheur et finalement la franchir – et ce, à tout prix. C'est celui que paie l'Arabe ; on peut, si l'on veut, considérer cela dans le contexte des évènements ici révélés, comme un hasard, dont les limites seraient cependant ainsi complètement fixées – car tout le reste est lié de façon causale.

L'histoire du Tchèque prend une importance biographique pour Meursault, j'y reviendrai plus tard et fournirai un nouvel argument très pertinent. Quelle importance ? Très généralement, elle thématise une atteinte dévastatrice de la mère sur le fils. Mais la pièce de théâtre parallèle dévoile des informations supplémentaires, entre autre que l'action de la mère ne revêt pas un aspect isolé, puisque, au contraire, la mère et la fille éliminent tous leurs hôtes pour des raisons pécuniaires. Le fils se trouve être le dernier dans cette série. Ceci relativise sérieusement la catégorisation de cet évènement dramatique en un « malentendu ». L'histoire nous apparaît néanmoins assez fabriquée. La mère et le fils ne doivent pas se reconnaître, après une séparation de vingt ans, ni au niveau sensoriel, ni à travers des données linguistiques, comme des noms par exemple. De plus, chose plutôt incompréhensible sur le plan psychologique, la précarité du caractère de la mère aurait complètement échappé au fils jusqu'à ce jour.

Laissez-moi résumer les informations de la coupure de presse en la formule suivante : la famille du Tchèque a un sérieux déficit caractériel. Mais si le fils n'avait pas été considéré comme un étranger par la mère, je veux dire, si elle avait eu conscience qu'il s'agissait de son fils, il ne lui serait rien arrivé. Cette relation semble significative dans l'histoire de l'accusé.

La forme du déficit dans la famille du Tchèque et les circonstances du crime de la mère sur son fils sont invraisemblables. Ni le motif de l'argent ni l'histoire de la non-reconnaissance des protagonistes ne nous fournissent une aide pour déchiffrer le cas Meursault. Pour avoir plus de détails sur la relation précaire mère-fils, nous devons reprendre le récit principal.

III. Où chercher les données en question ? Cet endroit est relativement facile à définir. On le trouvera, si jamais on doit le trouver, là où Meursault, poussé par une intuition plus que par une raison concrète, retourne, sur les lieux de la confrontation avec les Arabes. A ce moment-là, la dispute est terminée. Les Arabes ont quitté les lieux, Meursault et

Raymond se sont imposés et regagnent le cabanon sur la plage quasiment en vainqueurs. Mais Meursault reste dehors devant la première marche alors que Raymond monte l'escalier de bois et pénètre dans le cabanon. Meursault, lui, ne rentre pas. Il réfléchit. Nous aussi, Mesdames et Messieurs, nous voulons réfléchir, car nous observons le même moment d'arrêt surprenant que plus tard directement avant les coups de feu sur le corps à terre. Les situations sont là aussi comparables. Dans les deux cas, nous nous trouvons devant une situation au fond achevée – pourtant l'action ne trouve pas sa fin et se poursuit, au contraire, de façon irrationnelle.

Si mon hypothèse que les coups de feu sont destinés à la mère, est exacte, alors il faut chercher la même piste là aussi où la crise évolue vers son paroxysme : cherchez la mère.

Dans son estimation de la situation, Meursault envisage trois possibilités : monter l'escalier comme Raymond et entrer dans le cabanon, rester sur place ou retourner sur ses pas. Celle du milieu, de rester sur place, ne mène à rien, donc peut être éliminée. Il rejette la première pour une raison qui mérite notre attention : « découragé par l'effort qu'il fallait faire pour…. aborder encore les femmes ».(p.91) En considération des problèmes que le narrateur va s'attirer à cause de son comportement, cet argument paraît vraiment absurde. (Je vous en prie, Messieurs, pas de commentaires sarcastiques !) Mais, par contre, vu sous un autre angle, pas du tout. Pour le pauvre Tchèque, en effet, cette réaction, de ne pas vouloir rentrer à la maison, lui aurait sauvé la vie. Le Tchèque ne fuit pas, mais Meursault, lui, si ! Lui-même d'ailleurs utilise cette expression. « J'avais envie […] de fuir le soleil, l'effort et les pleurs de femmes. »(p.92)

A vrai dire, les pleurs des femmes étaient, à ce moment-là, déjà séchés, ce qui renforce mon scepticisme sur le flou des figures féminines dans les deux histoires. Comme dans le mythe d'Œdipe, la fuite devant le destin aboutit directement à celui-ci. C'est donc une force d'attraction spéciale et positive qui donne la préférence à la troisième possibilité et fait retourner l'accusé sur la plage et dans les bras du conflit. Là où l'adversaire va réapparaître, se trouve, derrière un rocher, une source fraîche. Le narrateur raconte sa passion pour « le murmure de son eau » et exprime ainsi le caractère secret des polarités d'un langage féminin négatif (dans le cabanon) et puis positif. La source représente, en effet, un symbole ancestral de la maternité dans sa qualité la plus originelle de donatrice de vie. Meursault espère trouver ombre et repos à un endroit dont la force d'attraction va lui faire faire ce fatal pas en avant, au moment décisif, et qui se révèle être aussi une porte du malheur, comme celle qu'il avait voulu éviter et qui s'ouvrait sur l'agitation des femmes et leurs larmes dans le cabanon de la plage. Il semble à présent opportun d'examiner de plus près l'état d'urgence météorologique qui perdure et semble ne pouvoir être calmé que par la source. Apparemment la chaleur brutale (renforcée par le « bavardage des femmes ») assume la fonction de la mère/la fille dans l'histoire parallèle. Les souffrances causées par le soleil sont de multiple nature et extrêmes et vont de l'insupportable en général jusqu'au contact de l'épée brûlante dans les cils et à la pluie de feu – juste avant le premier coup de feu. Son bruit sec et assourdissant secoue enfin sueur et soleil. Le crime est la réponse à la chaleur meurtrière.

Nous aurions donc ainsi le motif du crime. Une constatation banale en soi puisque la première partie du récit l'évoque sans arrêt. Sous cette forme-là on ne prend pas le motif au sérieux. Le sens apparaît seulement à la prochaine étape du raisonnement.

« Chaleur » et « soleil » sont, on l'a vu, des codes métaphoriques. Dans les exemples du contexte, les codes se lisent de la façon suivante : « Toute cette chaleur s'appuyait sur moi et s'opposait à mon avance. Et chaque fois que je sentais son grand souffle chaud sur mon visage, je serrais les dents, je fermais les poings dans les poches de mon pantalon, je me tendais tout entier pour triompher du soleil et de cette ivresse opaque qu'il me déversait.

A chaque épée de lumière jaillie du sable, d'un coquillage blanchi ou d'un débris de verre, mes mâchoires se crispaient. J'ai marché longtemps. » (p.92)

Meursault se sent violé par la chaleur.

Je vais maintenant, Mesdames et Messieurs, vous relire la même phrase-clé sur la chaleur, légèrement raccourcie et avec une seule modification. Je vais remplacer le symbole « chaleur », et respectivement « soleil » d'après l'équation mise en évidence soleil = mère par le mot-code et, en me référant au langage du narrateur, employer, aux endroits en question, le mot plus intime de « Maman ». Je vous rappelle ici la déclaration, « …que c'était à cause du soleil » (p.158) ou bien encore la phrase mise au compte de la mère : « Tous les êtres sains avaient plus ou moins souhaité la mort de ceux qu'ils aimaient ».(p.102)

Ecoutez bien, s'il vous plaît : « Maman s'appuyait sur moi et s'opposait à mon avance. Et chaque fois que je sentais son grand souffle chaud sur mon visage, je serrais les dents, je fermais les poings dans les poches de mon pantalon, je me tendais tout entier pour triompher de Maman et de cette ivresse opaque qu'elle me déversait. » L'ivresse opaque est sans aucun doute de nature sexuelle. Elle est opaque parce qu'elle blesse un tabou. Le tabou de l'inceste. C'est la raison pour laquelle le narrateur n'a rien à dire pour sa défense sur ce point et pourquoi il cherche à détourner l'attention du « point d'obscur » de l'hésitation et des coups tirés sur le corps à terre. Meursault est violenté ou du moins il se sent comme tel, il ne laisse pas de doute là-dessus, il touche ainsi son auditoire et provoque son apitoiement. Mais, sur le plan émotionnel, il se trouve concerné d'une façon ambivalente, car non seulement la honte rend muet, mais aussi, comme l'auteur nous le dit personnellement, la passion du narrateur, ainsi donc, en résumé, l'accord issu de la porte du malheur, du « point d'obscur » et de l'ivresse opaque. Et ceci nous touche en tant que lecteurs et captive également nos sens. Nous connaissons tous, d'une façon ou d'une autre, cette impulsion de briser les tabous. Si importante que nous apparaisse l'implication de la déclaration de Meursault, elle suit de bien plus près le texte que le décryptage de l'analyse ne le laisse peut-être supposer. L'ambivalence - très présente dans le récit - de maltraitance et de séduction, de violence, de sensualité et de culpabilité reçoit ainsi sa logique immanente et rend plausibles les autres motifs de l'histoire. Et entre autres, les traits de caractère problématiques de Meursault. Car il n'est pas vrai que le narrateur, comme un commentaire courant le prétend, vit sa vie « privé de tout attachement, sans amour ni sympathie ».[6] Attachement et sympathie sont bien plutôt contaminés, ils s'appliquent à Raymond et à son besoin de vengeance et non à la jeune fille maltraitée. Sans hésitation aucune Meursault rédige la lettre qui doit la faire tomber dans le piège et il disculpe le proxénète par une déclaration de complaisance mensongère. Néanmoins l'accusé ne se montre pas entièrement dépourvu d'une certaine sensibilité morale comme le prouvent le drame de Salamano et de son chien, de même que l'habile manœuvre de décrispation au moment de la seconde rencontre avec les Arabes. Mais sa perception morale semble, par contre, sérieusement dérangée sur un point précis : face à des autorités, comme le proxénète ou la justice, Meursault se comporte en grande conformité, jusqu'à l'anéantissement de soi-même et à se rendre étroitement complice de Raymond.

Il faut accorder une certaine attention à cet épisode, car l'imagination agressive du proxénète représente une autre position-clé dans l'ensemble du texte. En fin de compte, c'est elle qui déclenche l'enchaînement fatidique des évènements. Raymond prévoit, pour se venger de son amie qu'il présume infidèle, de coucher avec elle et, « juste au moment de finir », de lui cracher au visage et de la mettre dehors (p.53). Evidemment la formule « juste au moment d'en finir » fait

---

[6] Préface et couverture, dans Albert Camus, Der Fremde, rororo 1993

allusion à l'orgasme sexuel. Meursault trouve que cette idée perverse serait, en effet, une bonne punition. (Ibid.)

Punition de quoi ? En quoi Meursault est-il concerné par la sensualité apparemment très douteuse et la morale criminelle du proxénète ? Il se comporte, dans cette situation, exactement de la même façon que plus tard, lors des coups de feu : il projette des associations subjectives dans un événement externe. Et, de plus, ici, dans un événement de caractère explicitement sexuel, ce qui contribue de manière déterminante à l'éclaircissement de l'affaire.

Portez donc, Mesdames et Messieurs, votre attention sur le fait que c'est bien la lettre et les conséquences de celle-ci, qui se dérouleront comme prévu, qui aboutira à la dispute sur la plage, aux coups de feu et finalement au procès avec le débat sur l'enterrement de la mère.

C'est sur ce dernier que je me tourne à présent et ma première remarque sera – avant de m'attaquer à l'analyse des déclarations correspondantes de l'accusé dans le premier chapitre du récit, de mettre en évidence un détail qui n'a l'air de rien, mais qui pourtant, en dit long. La fixation temporelle, certes relative, mais très précise dans la narration, du moment où Raymond « cracherait (à la figure) » : « juste au moment de finir » se fait dans un contexte dans lequel les autres données chronologiques sont exprimées, disons-le prudemment, de façon plus que laxiste. « Aujourd'hui Maman est morte ». « Ou peut-être hier, je ne sais pas. », voici le célèbre début laconique de *l'Etranger.* Deux autres données chronologiques, exactes maintenant, ne sont absolument pas correctes. Il est intéressant de constater que Meursault et le procureur sont d'accord sur la remarquable erreur suivante. Le narrateur, pourtant si négligent sur les horaires dans les phrases d'introduction sait, tout d'un coup exactement, à la question de Maria le lendemain de l'enterrement, depuis quand sa mère est morte : « depuis hier » (p.35). Le télégramme annonçant le décès était arrivé avant-hier.

L'enterrement a eu lieu « hier », la nuit précédente est décrite en détail. Où a donc disparu cet espace d'une journée entière ? Il est intentionnellement comprimé et ce, afin de rapprocher le tête à tête érotique avec Maria Cardosa du complexe relatif au décès de la « Maman ».

Le procureur procède de la même façon lorsqu'il déclare, « d'une voix vraiment émue » :

« Messieurs les jurés, le lendemain de la mort de sa mère, cet homme prenait des bains, commençait une liaison irrégulière, et allait rire devant un film comique. » (p.144) Le temps dans le récit s'impose ici quasiment face au temps raconté. En effet, quand le lecteur tourne la page après la scène de

l'enterrement, il atterrit sur les intimités de Meursault et de son amie, sur la scène de baignade à la plage et sur le flirt au cinéma. Le « depuis hier » de Meursault semble vouloir dire : « depuis la page précédente. Feuillette dans un sens et dans l'autre entre les deux scènes. Compare. »
C'est précisément, chères auditrices et chers auditeurs, ce que nous allons faire maintenant.

IV Le lien entre les deux épisodes, c'est le lit. Le protagoniste termine la journée de l'enterrement en pensant à son lit et à douze heures de sommeil. Le lendemain, jour de la nouvelle rencontre avec la sténotypiste, Meursault a du mal à quitter son lit et cette journée-là également s'achèvera au lit, avec son amie. Des vibrations chargées de sensualité se propagent dans la tête de Meursault qui repose sur le ventre de Maria, quand il perçoit le doux battement de son corps sous sa nuque, et quand il caresse ses seins, se presse contre sa jambe, l'embrasse puis l'emmène chez lui. Si l'on retourne quelques pages en arrière, on constate avec étonnement que la description de l'enterrement est, elle aussi, chargée d'érotisme.
Les deux scènes présentent des correspondances discrètes au niveau de la teinte semblable du ciel. Le couple assoupi sur la bouée le perçoit doré et bleu, le fils fatigué et un peu perdu à

côté du corbillard de sa mère le voit bleu et blanc. Pour des raisons inimaginables, inconnues du narrateur lui-même, le convoi funèbre avance sous un soleil de plomb – ceci est toutefois loin d'expliquer pourquoi les procédés métaphoriques du récit se délectent d'images (blessantes) d'un acte de procréation. « Les pieds y enfonçaient et laissaient ouverte sa pulpe brillante », précise le narrateur pour décrire que « le soleil avait fait éclater le goudron », une description de la chaleur et de la route pour le moins inattendue, dans un contexte de funérailles. Cet exemple, de même que les suivants, tirés du premier chapitre, sont complètement sortis du contexte, Mesdames et Messieurs, en fait, c'est exactement le contraire qui est valable. Comme je vous l'ai expliqué au début, la scène est volontairement et ostensiblement mise en rapport avec le moment d'intimité de Meursault et de son amie le lendemain, moment raconté tout de suite après. La perception du fils le jour des obsèques, troublée par le soleil et le manque de sommeil, le mène à un état de tension croissante qui aboutit à une amnésie partielle dont les restes fragmentés sont teintés d'impressions érotiques : l'infirmière de la maison de retraite a « une voix singulière qui [ne va] pas avec son visage, une voix mélodieuse et tremblante »(p.30), la terre qui s'effrite sur le cercueil de Maman est rouge-sang et contraste avec « la chair blanche des racines dans la terre. »(ibid.)

Au centre de cette atmosphère où se mêlent douloureusement transe et extase se tient le vieux Pérez, un ami de la disparue. C'est le seul, avec l'amie Maria, à être particulièrement honoré par un prénom et un nom de famille. Le narrateur utilise ce personnage pour ancrer, dans un discours ironique et direct la notion d'intimité. Maman était sa « fiancée » (p.24) et, tout à la fin, Meursault l'appelle le « fiancé » (p.185)

Ce Pérez, Mesdames et Messieurs, semble à présent (tout comme le proxénète et le vieux sadique Salamano) étrangement suspect. C'est lui qui déclenche l'amnésie du fils et qui perd connaissance lui-même, donnant lieu à une association également étrange chez le narrateur : « on eût dit un pantin disloqué » (p.31). Le cynisme de la comparaison remplit son but rhétorique grâce au rapport rétrospectif à l'état antérieur du vieux, qualifié de « normal ». C'est justement de cela qu'il s'agit.

Pour des raisons non communiquées au lecteur, Meursault se concentre de façon quasiment maniaque sur l'observation de Pérez et – implicitement – sur sa claudication.

Tout le mouvement du cortège funèbre semble caractérisé par deux moments principaux qui lui confèrent assurément une dimension existentielle particulière. Le terrible soleil représente le facteur constant, le mouvement du vieux, marqué par son infirmité, mais aussi par son désir de tenir le rythme, en quittant la route et en coupant à travers champs, représente le facteur dynamique.

Le passage suivant, Mesdames et Messieurs, prouve que je ne vous suggère pas ici des phantasmes ; il s'agit du rapprochement très singulier entre le boiteux et le sang du narrateur, qui battait, et sa perte de mémoire : « Il a repris à travers champs et comme cela plusieurs fois. Moi, je sentais le sang qui me battait aux tempes. Tout s'est passé ensuite avec tant de précipitation, de certitude et de naturel que je ne me souviens plus de rien. » (p.30)

Que peuvent bien avoir à faire la course du vieux et sa jambe avec le battement du sang chez Meursault et son amnésie ? De plus, cet événement étrange nous est présenté, avec d'autres rajouts – découverts dans le texte aux endroits où l'on s'y attend le moins (par exemple dans l'histoire du Tchèque) – comme « naturel » et passe du singulier au quotidien.

Mesdames et Messieurs, cher auditoire, avant de vous faire part de mon hypothèse, voici encore une observation. Ce qui, à la fin de la scène, parvient jusqu'au narrateur, en plus de la voix mélodieusement vibrante de l'infirmière, de la terre rouge-sang et de la chair blanche des racines dans la terre, c'est un gros plan intime et sans pitié du visage de Pérez. « De grosses larmes d'énervement et de peine ruisselaient sur ses joues. Mais, à cause des rides, elles ne s'écoulaient pas. Elles s'étalaient, se rejoignaient et formaient un vernis d'eau sur ce visage détruit. » (p.30). Pour mettre en évidence ce qui, à mon sens, est important, je retourne une page en arrière et reviens sur la description antérieure du vieux : « Il avait un feutre mou à la calotte ronde et aux ailes larges (il l'a ôté quand la bière a passé la porte), un costume dont le pantalon tire-bouchonnait sur les souliers et un nœud d'étoffe noire trop petit pour sa chemise à grand col blanc. Ses lèvres tremblaient au-dessous d'un nez truffé de points noirs. Ses cheveux blancs assez fins laissaient passer de curieuses oreilles ballantes et mal ourlées dont la couleur rouge sang dans ce visage blafard me frappa. » (p.26)

Avez-*vous* été frappés par quelque chose, Mesdames et Messieurs ? « La couleur rouge sang » n'est-ce pas, rappelle la terre rouge sang, le visage pâle rappelle la chair blanche des racines dans la terre, quant à l'étrangeté des oreilles, elle rappelle la voix étrange de l'infirmière. Ces analogies se trouvent dans un espace très réduit, dans un récit court, très comprimé et mystérieux. Mais il me faut aller encore plus loin, vers quelque chose qui *manque* dans la description en question.

Je veux parler des yeux. Tout chez Pérez est présent, d'une façon plus ou moins manifeste, sauf ses yeux. Ce qui confère à un visage son identité, et qui mérite d'être évoqué aussi bien dans le cas du Directeur (yeux clairs, p.11) que dans celui du concierge (de beaux yeux bleu clair, p.14), n'est pas accordé au « fiancé ». L'organe-source du liquide corporel qui se transforme en vernis aqueux n'est ni décrit ni nommé. Pourquoi cette omission ? Et d'où provient la froideur hostile du fils à l'égard du dernier compagnon de sa mère ? Sur quoi repose, d'autre part, à son tour, l'intérêt profond et maniaque de Meursault pour le vieux, pour les détails physiques, la claudication et implicitement – la jambe ? Autant de questions dont la réponse commune pourrait être trouvée dans le domaine de l'ivresse opaque.

Si nous voulons considérer le boiteux comme une figure symbolique, ce que nous sommes indiscutablement en droit de faire – ou même, ce que nous devons faire- au regard des données linguistiques recueillies ici et cohérentes entre elles, alors, nous pouvons utiliser le modèle du célèbre prototype antique de violation de tabou érotique, celui du malheureux roi aux pieds percés, qui épousa sa mère et tua son père. Le nom d'Œdipe est aussi bien synonyme de pied-bot, dont la malformation typique entraîne la claudication, qu'il n'apporte, d'autre part, une connotation appartenant au symbolisme sexuel, car le nom d'Œdipe est un raccourcissement minimisant de Oidyphallus qui symbolise la nature phallique mythologique du héros.[7]

Meursault décrit le vieux Pérez, le « fiancé », indirectement comme un rival érotique et il est clair que, dans cette vision, il parle de lui-même et de sa relation avec sa « Maman ».

Il va de soi que je ne construis pas ici de toutes pièces une allégation sur le décryptage d'un symbolisme érotique de « jambe, pied et chaussure », Mesdames et Messieurs, ceci résulte bien plus des associations du narrateur quand il se réfère à la jambe de son amie et à ses sandales en cuir qui lui donnaient « très envie d'elle ». (p.57) Il en va de même pour la métaphore « des pieds enfoncés dans la pulpe brillante »[8] Et, plus tard, au cœur d'une situation extrêmement tendue, lorsque Raymond porte la main à sa poche-revolver, ce sont les orteils très écartés du joueur de flûte qui attirent l'attention du narrateur (p.90). Dans le contexte d'une analogie métaphorique courante de la fécondité végétative et créaturelle et de la connotation érotique tout aussi habituelle

---

[7] Stephan Sas : Der Hinkende als Symbol. Zürich und Stuttgart: Rascher 1964, p. 64
[8] Cf. Siegmar Schultze-Gallera : Schuhsymbolik und –Erotik. Darmstadt: Bläschke 1972, 2ème vol. p. 42-73

attribuée aux « jambes, pieds et chaussures », la prise à travers champs du fiancé revêt un caractère particulier et l'on commence à comprendre pourquoi cet état de faits, en somme si bénin, fait battre le sang aux tempes de Meursault et lui fait perdre connaissance. [9]

Droit de possession et jalousie ainsi que haine et agression du fils sont compréhensibles au regard des secrets de famille, de même que son discret sentiment de culpabilité, que l'on découvre – ce qui en dit long – bien avant le meurtre : « De toutes façons, on est toujours un peu fautif »(p.35), se dit Meursault quand il annonce à Maria la mort de sa mère et, auparavant, à l'asile de vieillards, il a « l'impression », pas du tout « ridicule » – en considération du contexte ici dévoilé – « qu'ils étaient là pour me juger. » (p.19)
Et d'ailleurs, l'avocat de l'accusé aurait pu trouver bien plus tôt l'accès au complexe problématique, s'il n'avait pas tabouisé les émotions de Meursault. « Plus jamais » Meursault ne devrait dire : « Sans doute, j'aimais bien Maman, mais cela ne voulait rien dire. Tous les êtres sains avaient plus ou moins souhaité la mort de ceux qu'ils aimaient ». (p.102)

---

[9] Cf. Schultze-Gallera : Volkserotik und Pflanzenwelt. Darmstadt: Bläschke 1972, 1er vol. p.12 sq.

Si nous rappelons à notre esprit, Mesdames et Messieurs, que la cause de ce souhait, en soi scandaleux, réside dans la souffrance due à une violation de tabou et dans l'éclosion qui en découle d'une foule d'émotions ambivalentes (interdites), alors il devient clair que l'injonction de l'avocat égale à une tabouisation de la violation de tabou. Ce n'est pas le coupable et sa violation de limite, mais la victime et son droit à la vérité, qui se trouvent sanctionnés. C'est la raison pour laquelle l'accusé parle de « tous les êtres sains » dans la mesure où les sentiments sont, en effet, inévitablement et légitimement liés aux causes originelles qui les font naître.

Même le concept de « refoulement », bien connu à ce titre en psychanalyse est employé dans le contexte. Meursault refoule souvent ses sentiments à cause de ses « besoins physiques » (p.102). Il fait alors allusion à sa fatigue lors des funérailles de sa mère et au manque de manifestations d'amour filial qu'on lui reproche. J'ai tenté d'éclaircir pour vous les allusions subliminales adressées aux lecteurs sur la nature de cette fatigue et, par conséquent, dans quelle mesure le souhait de la mort de la mère peut être expliqué. Dans ces conditions « aimer » est toujours un mélange d'amour et de haine.

Et j'appelle ici, comme témoin de cette déduction, l'auteur en personne. Plus d'une décennie après la parution de l'*Etranger* , il tire la conclusion suivante, précédemment citée : »Dans notre société chaque homme qui ne pleure pas à l'enterrement de sa mère court le risque d'être condamné à mort. »[10]

Ce que Camus veut dire ici, nous le savons grâce à Meursault.

La tabouisation des sentiments ambivalents à l'égard de la mère et la forme spéciale de la punition, la mise à mort par guillotine, « that sharp female »[11], éclairent une fois de plus sous un autre angle ce que la « société » aime passer sous silence : le débat sur les tabous.

Car le couperet représente une menace castratrice, le délit qui s'y rapporte est inéluctablement l'inceste – un rapport symbolique associé, de façon intéressante, à la pensée pour le père de Meursault.

Le narrateur se souvient d'une histoire racontée par la mère, dans laquelle son père avait dû vomir une partie de la matinée après avoir assisté à une exécution capitale. Le fils développe en prolongation de ce souvenir un phantasme, dans lequel il s'identifie, avec une exagération omnipotente au père et prévoit, en cas de remise en liberté, d'assister à toutes les exécutions capitales. A ce moment-là, après un sentiment passager de « joie empoisonnée », « un froid glacial terrible »

---

[10] Shattuck 2003, p.186
[11] Charles Dickens : A tale of two cities. Chap. 31

(p.168) se saisit soudain de lui – une nouvelle réaction, trop tardive, soit, mais néanmoins authentique de sa conscience.

Meursault assume son secret de famille par la voie du récit. Ceci lui offre l'opportunité du retour en arrière et de la catharsis, y compris celle d'une forme de renoncement. La séparation du récit en deux parties marque, non seulement, sur un plan purement formel, la fuite de la terrible canicule, mais aussi le pas évolutif et décisif en avant. Pour l'accusé, sa cellule de prison, ou plus exactement, sa cellule de condamné à mort, se transforme en une cellule monacale, et sa peine, en un refus ascétique et intentionnel (p.121 f) de tabac et de sexe.
Parallèlement, et en relation directe avec ce qui précède, s'installe – au contraire de l'amnésie survenue auprès de la tombe de la mère – une forme de souvenir toutefois encore superficiel – due à un entraînement mental : « J'ai fini par ne plus m'ennuyer du tout à partir de l'instant où j'ai appris à me souvenir. Je me mettais quelquefois à penser à ma chambre et, en imagination, je partais d'un coin pour y revenir en dénombrant mentalement tout ce qui se trouvait sur mon chemin. Au début, c'était vite fait. Mais chaque fois que je recommençais, c'était un peu plus long. Car je me souvenais de chaque meuble, et, pour chacun d'entre eux, de

chaque objet qui s'y trouvait et, pour chaque objet, de tous les détails et pour les détails eux-mêmes, une incrustation, une fêlure ou un bord ébréché, de leur couleur ou de leur grain.

En même temps, j'essayais de ne pas perdre le fil de mon inventaire, de faire une énumération complète. Si bien qu'au bout de quelques semaines, je pouvais passer des heures, rien qu'à dénombrer ce qui se trouvait dans ma chambre. Ainsi, plus je réfléchissais et plus de choses méconnues et oubliées je sortais de ma mémoire. J'ai compris alors qu'un homme qui n'aurait vécu qu'un seul jour pourrait sans peine vivre cent ans dans une prison. Il aurait assez de souvenirs pour ne pas s'ennuyer. » (p.122 sq.)

Mesdames et Messieurs, cher auditoire, je vous avais promis un argument comme preuve de l'importance biographique de l'histoire interne du Tchèque pour Meursault. Le voici : l'épisode de la terrible mère surgit, de façon presque simultanée, juste après l'évocation du mot-clé « souvenir ». « Il me restait alors six heures à tuer avec les repas, les besoins naturels, mes souvenirs et l'histoire du Tchécoslovaque » (p.124)

Camus lui-même établit l'étroite relation entre le combat mental pour retrouver les souvenirs en introduisant les dates fragmentaires de la catastrophe familiale – y compris la métaphore « tuer », juste à plus d'un égard. Au matricide mental et aux coups de feu implicitement tirés sur la « Maman », qui, d'une certaine façon, rendent l'inceste symboliquement compréhensible, correspond, à la fin du récit, comme l'achèvement d'un processus évolutif vers l'autonomie et la libération des père et mère, et en particulier des instances sociales correspondantes, le parricide symbolique. Ce mot tombe d'ailleurs explicitement de la bouche des journalistes (p.130) dans le contexte du procès de Meursault ainsi que de celle du procureur qui place en équation matricide et parricide. (p.156) Le prêtre demande à être appelé « Père » et nomme le condamné « mon fils ». (p.182) L'explosion de Meursault, chargée d'agressivité, la première éruption de tous les sentiments refoulés, est au centre de la dynamique psychique subliminale et de la tension intérieure, et c'est elle qui provoque la catharsis libératrice. (« Comme si cette grande colère m'avait purgé du mal,[…]. » (p.185) L'aspiration à la connaissance de soi, liée à la revendication de la réalité affective, c. à d. de sa légitimité, prime sur les tentatives de persuasion du prêtre. Cela fait partie des secrets du récit que la réconciliation avec l'univers et la mort, avec la mère et le « fiancé », qui s'ensuit, soit représentée dans l'imagerie de la naissance et du commencement. Dans les cris de haine des spectateurs le jour de l'exécution, cris anticipés par le narrateur, on entend – comme dans les métaphores de procréation à l'enterrement de la mère – le cri du nouveau-né et les souhaits de bienvenue pour un déroulement irrévocable, dans lequel « tout (est) consommé ». (p.186)

Mesdames et Messieurs, le mot de la fin de mes réflexions revient à l'auteur Albert Camus et à son collègue allemand Peter Hacks. Camus résume sa propre interprétation dans la phrase suivante :
« J'ai même été jusqu'à dire, et cela aussi semble paradoxal, que j'ai essayé de représenter en Meursault le seul Christ que nous méritons. »[12]
Que veut-il dire par là ?
L'*Etranger* est le dieu étranger.
Prenons l'exemple de Osiris/Horus – ou un autre de la vieille garde des fils-amants de la Grande Mère.
Et les remarques du dramaturge Peter Hacks sur le monodrame sont également valables pour le récit de Camus :
« Le monodrame découle du chant de culte dansé des prêtres. Ceux-ci interprétaient les épisodes d'un dieu. Un culte n'a toujours qu'un seul dieu, la danse rituelle n'est donc dansée

---
[12] Shattuck 2003, p.186

que par une seule personne. Ce dieu doit remplir une soirée, donc développer une dramaturgie.

Or, on abat très volontiers les dieux. Leur vie mène à des catastrophes. Ce que, au fond, ils représentent – les saisons, les constellations, les récoltes ou les rois dans le matriarcat – est voué à la perte. Naturellement aussi à une renaissance. La mort, comme on l'apprend dans les histoires des rois sacrés, se transforme en vie. C'est une nouvelle très satisfaisante : pas larmoyante, comme le sont les pièces à un personnage d'aujourd'hui, mais tragique. Ces catastrophes divines sont à l'origine de l'effet cathartique et du genre qu'est le drame.

C'est la raison pour laquelle le monodrame traite de [fiers] désastres, se passe dans des situations divines [extravagantes] et a une raison absolue d'avoir lieu: celle de mettre en scène un dieu, bien présent en chair et en os, dans le Mystère, et qui n'a pas besoin de s'excuser pour ses révélations. »[13]

© 2016, Christian Milz
Edition : BoD - Books on Demand, 12/14 rond-point des Champs Elysées, 75008 Paris
Imprimé par Books on Demand GmbH, Norderstedt, Allemagne
ISBN : 9782810628735
Dépôt légal : Mars 2016

---

[13] Peter Hacks: Dramaturgie göttlich. Dans: Ein Gespräch im Hause Stein über den abwesenden Herrn von Goethe. Hamburg: Edition Nautilus 1998, p.82 sq